VILLE DE ROSENDAEL

INAUGURATION

DU

MONUMENT aux SOLDATS de ROSENDAEL

MORTS POUR LA FRANCE

6 NOVEMBRE 1921

En avant par delà les tombeaux

SOUVENIR

OFFERT A LA FAMILLE DE

LILLE
IMPRIMERIE L. DANEL

1922.

VILLE DE ROSENDAEL

INAUGURATION

DU

MONUMENT aux SOLDATS de ROSENDAEL

MORTS POUR LA FRANCE

6 NOVEMBRE 1921

En avant par delà les tombeaux !

SOUVENIR

OFFERT A LA FAMILLE DE

LILLE
IMPRIMERIE L. DANEL

1922.

PROLOGUE

HOMMAGE AUX MORTS ET A LEURS FAMILLES

« J'étais enfant en 1810, écrit Michelet, lorsqu'au jour de la fête de l'Empereur on laissa tomber les toiles qui cachaient le monument de la place Vendôme et la colonne apparut. J'admirais avec tout le monde. Seulement, j'aurais voulu savoir les noms des hommes d'airain figurés aux bas-reliefs : « Et tous ceux là, disais-je, qui montent autour de la colonne, comment les appelle-t-on ? » La même pensée, continue Michelet, m'est revenue souvent dans mes promenades rêveuses, aux Invalides et à l'Arc de Triomphe. Sur ces nobles monuments, je vois le roi et l'empereur, je lis, les noms des généraux ; cela m'instruit ; cela me touche. Et pourtant, ce n'est pas assez, j'aurais voulu connaître aussi le grand peuple obscur, oublié, qui a donné sa vie dans ces longues guerres... Je n'entre jamais aux Invalides, que leurs vertus, leur résignation, leurs longues souffrances ne se représentent à mon souvenir, et que je ne me sente pénétré d'un sentiment de religion ».

Si Michelet revenait parmi nous, s'il parcourait les cimetières de nos Villes et ceux de nos Campagnes, il verrait se dresser ici et là des monuments somptueux comme des stèles plus modestes. Il n'aurait pas à regretter de ne pouvoir y lire les noms des héros obscurs tombés sur les champs de bataille ou dans les flots des Océans. Il y verrait une longue énumération, souvent trop longue hélas!.. rappelant les noms des enfants du pays que la mort a fauchés à la fleur de l'âge ou dans l'âge mur. Combien il serait heureux de constater que les noms des plus humbles soldats figurent sur les monuments élevés en leur honneur!

D'autre part, lui qui était pénétré d'un religieux sentiment, quand il franchissait le seuil des Invalides, ne serait-il pas touché de voir nos foules recueillies faire ces pieux pèlerinages aux nécropoles où nos héros reposent de leur éternel repos!.. De quelle voix, lui qui a tant aimé la France, lui qui a si bien rendu justice à leurs vertus et à leurs longues souffrances, ne célèbrerait-il pas le douloureux martyre de ceux qui ont été les soldats de la Grande Guerre!

Ce que fut cette guerre, hélas! nous ne le savons que trop!

« La paix régnait déjà normale et évidente.
» Comme un déroulement de jours, de mois et d'ans,
» On se sentait heureux de vivre en un tel temps!
» Quand se fendit soudain, en quelle heure angoissée!
» Cette tour où le rêve étageait sa pensée! ».

Dans ces vers où il retrace avec son idéalisme et sa large sympathie humaine le tableau de l'harmonie rêvée avant la Guerre, le grand poète belge, Émile VERHAEREN avait raison! Il y a moins de huit ans, c'était la Paix, et avec elle la tranquillité et le bonheur. On caressait la chimère d'une société d'hommes libres, vivant côte à côte, sans canons et sans mitrailleuses. La Paix universelle de l'abbé de Saint-Pierre, de VOLTAIRE, de Victor HUGO, de nos philosophes, de nos savants, devait régner dans le monde ! Quel désenchantement ! quelle désillusion ! La Guerre, le plus terrible fléau qui puisse s'abattre sur l'humanité, la guerre, que l'on ne croyait plus possible, survint ! avec toutes ses calamités, toutes ses horreurs, toutes ses désolations. Point n'est besoin de décrire ici cet enfer qu'a été la Guerre de 1914-1918. Seuls ceux-là qui l'ont vécue au fond des tranchées, sur les champs de bataille, seraient capables de nous en donner une vision exacte. Comme leurs compatriotes, les enfants de Rosendaël ont souffert et ont versé leur sang pour la Patrie ! Inutile d'enfler la voix pour redire leurs prouesses. Ils sont morts simplement. Louons-les donc en toute simplicité. D'ailleurs comme l'a dit Bossuet « ce sont les faits qui louent et non la manière de les louer ». Ce pieux devoir rempli, laissons-les dormir en paix et souvenons-nous de leur héroïque martyre !

Honneur aussi à leurs familles !! Ah ! qui dira les terribles tortures d'une mère, d'une femme, d'une fiancée, les angoisses des parents attendant des nouvelles de leur enfant !

Quelle femme au tombeau de son fils s'accoutume ? comme a dit le poète. Oui, elles aussi, les mères, les épouses Rosendaëliennes ont été admirables de résignation, d'une dignité toute romaine dans leurs souffrances et dans leur deuil ! Elles ont bien été les dignes sœurs de celles que chante Victor HUGO ! Elles ont accepté stoïques le sacrifice suprême... ;

481 noms figurent sur le glorieux et funèbre monument de Rosendaël ! Vous représentez-vous combien de larmes, combien de deuils et combien d'orphelins évoque ce nombre effrayant ? Je le livre à vos méditations et je terminerai en souhaitant que soient inexacts le plus longtemps possible, sinon toujours, ces vers d'un poète :

« Sur les tombeaux de nos morts
» L'herbe est trop haute et pousse trop vite !

Aux jeunes générations de veiller et de se souvenir !

AVANT L'INAUGURATION

DÉLIBÉRATIONS DU CONSEIL MUNICIPAL
MANIFESTE A LA POPULATION.

Il était naturel que, pendant la guerre, au spectacle de l'héroïsme déployé par nos soldats et des hécatombes qui couvraient de leurs cadavres les champs de bataille sur mer comme sur terre, on ait songé à dresser çà et là sur notre territoire, des Monuments à la gloire de nos héros. Quel est l'humble cimetière de village qui n'ait actuellement une modeste colonne commémorative avec les noms des enfants du pays morts au Champ d'Honneur ?

Dès les premiers mois de 1915 le Conseil Municipal de Rosendaël, sur la proposition de M. COQUELLE, Maire, donnait son approbation au projet pour l'érection d'un monument aux enfants de Rosendaël morts pour la Patrie. Disons tout de suite qu'il y eut une unanimité parfaite au sein du Conseil comme dans la population, que l'Union sacrée fut observée comme peut-être nulle part ailleurs.

M. DUMEZ, adjoint au Maire, fut désigné comme Président d'un Comité de souscription et, grâce à ses démarches et à son dévouement, des sommes importantes furent recueillies.

Il convient de passer en revue les principales délibérations du Conseil Municipal de Rosendaël, relatives au Monument du Souvenir. Ce ne sont que des miettes de l'histoire, dira-t-on, oui, mais n'est-ce pas souvent avec ces miettes que l'on fait la grande histoire ? Et puis, les générations futures apprendront que la Ville de Rosendaël, population et représentants, n'a pas été ingrate pour ceux qui ont sauvé la liberté.

SÉANCE DU 30 MAI 1915

M. le Maire expose au Conseil qu'en vue de l'érection d'un monument à la mémoire des enfants de Rosendaël Morts pour la Patrie, il a chargé M. Ringot, sculpteur à Malo-les-Bains, d'une étude préparatoire, puis de l'établissement d'une maquette. Il a payé, sur le crédit des *Dépenses imprévues* : 250 francs pour l'étude, et ensuite 250 francs pour la maquette.

Le Conseil donne sa complète approbation aux mesures prises par M. le Maire.

Il vote en principe l'érection du monument projeté, d'après la maquette établie par M. Ringot.

SÉANCE DU 4 JUIN 1916

M. le Maire fait l'exposé suivant :

Par délibération du 30 mai 1915, le Conseil Municipal a décidé en principe l'érection d'un monument à la mémoire des Enfants de Rosendaël Morts pour la Patrie, d'après un projet présenté par MM. Gontier, architecte, et Ringot, sculpteur.

La situation financière permet de prévoir au budget additionnel de 1916 un crédit de 15.000 francs pour contribuer à la dépense. On peut donc dès maintenant prendre des mesures préparatoires pour la réalisation d'un projet qui intéresse tant de familles Rosendaëliennes.

En conséquence, je propose au Conseil de m'autoriser à faire établir une maquette du monument au dixième. Le prix de 1.500 francs, fixé par l'artiste, serait prélevé sur les 15.000 francs réservés au budget additionnel de 1916. La confection de cette maquette serait comprise dans le marché à passer ultérieurement pour l'exécution du monument.

Le Conseil adopte en tous points les propositions de M. le Maire, en l'autorisant à faire établir la maquette, et à mandater à l'artiste, par acomptes, la somme de 1.500 francs sur le crédit de 15.000 francs inscrit au budget additionnel de 1916.

SÉANCE DU 30 NOVEMBRE 1918

M. le Maire fait l'exposé suivant :

Le moment est venu de passer à la réalisation du projet de monument à la mémoire des Enfants de Rosendaël Morts pour la France.

La maquette, après avoir subi diverses modifications, est arrêtée. Le monument a été prévu en escomptant la Victoire. L'aigle prussienne est bien écrasée, et nos soldats triomphants sonnent à juste titre les fanfares de leurs éclatants succès.

La Ville se chargera de la plus grande partie des frais ; un premier crédit est en réserve à cet effet. Mais il est permis d'espérer que tous les habitants tiendront à s'associer pour rendre hommage à nos glorieux morts et perpétuer leur souvenir. Par une cotisation, si minime soit-elle, ils témoigneront l'admiration, la reconnaissance, le respect dus à ceux qui ont sacrifié leur vie pour la défense du sol sacré de la Patrie. C'est dans ce but que je propose au Conseil d'ouvrir une souscription. Il faut que l'on puisse dire que tous les habitants ont participé à l'érection du monument.

Le Conseil, à l'unanimité, approuve en tous points la manière de voir de M. le Maire.

SÉANCE DU 15 AOUT 1920.

M. le Maire communique ensuite au Conseil les correspondances échangées avec M. Ringot sculpteur, par l'entremise de M. Gontier architecte, relatives au projet du monument. Il y a lieu d'espérer qu'un accord définitif interviendra sous peu et pourra être soumis prochainement à l'approbation du Conseil Municipal. De son côté, M. Dumez, Président du Comité de souscription, annonce au Conseil que les Commissaires reçoivent partout un accueil sympathique, qui indique clairement que toute la population désire contribuer à l'érection du monument dont la Municipalité a pris l'heureuse initiative.

Après avoir été l'objet à plusieurs reprises de l'attention du Conseil Municipal, le projet a été arrêté dans la séance du 14 novembre 1920. Le marché passé avec M. Ringot, a été approuvé le 24 décembre 1920. Le délai d'exécution était fixé au 1er novembre 1921. Aucun contretemps n'est survenu ; le Monument était prêt pour l'inauguration. La dépense s'élevant à 240.000 francs a été couverte par les ressources suivantes :

Fonds communaux	153.478	90
Souscriptions recueillies dans la Commune ..	64.102	40
Subvention de l'État....................	22.418	70

Nos lecteurs ont constaté que, dans la séance du 30 Novembre 1918, M. Coquelle, Maire, avait proposé d'ouvrir une souscription, pour que l'on puisse dire que tous les habitants avaient participé à l'érection du Monument. La proposition de M. le Maire, fut approuvée à l'unanimité par le Conseil. Le Comité publia donc un « Manifeste » à la population rédigé en termes très heureux et que nous donnons ci-après.

Ici, nous tenons à remercier bien vivement tous ceux qui ont répondu à l'appel du Comité et ont souscrit selon leurs ressources. Nous ne pouvons garder sous silence le geste généreux de M. Coquelle qui souscrivit, de ses deniers personnels, une somme de 50.000 francs ! Au nom de l'Union sacrée qui est presque un devoir, quand il s'agit de rendre hommage aux morts, la population rosendaelienne applaudit à l'initiative de son Maire et récompensa les efforts de ceux qui se dévouèrent pour recueillir les souscriptions. Et qui pourrait s'en étonner ? A-t-on déjà oublié les nombreuses victimes civiles de Rosendaël au cours des multiples bombardements de toutes sortes que la Ville eut à subir ? La Postérité connaîtra aussi les bombardements de la Maternité, vrai massacre d'Innocents ! Nos concitoyens, qui savaient ce que c'est que la Guerre, ont compris quel a dû être le dévouement des soldats jour et nuit exposés au danger, et avec un pieux empressement, ont montré leur générosité. A ces contributions volontaires, il serait injuste de ne pas ajouter le don de l'Etat ; la Ville de Rosendael lui en témoigne toute sa reconnaissance.

VILLE DE ROSENDAEL

MONUMENT DU SOUVENIR

Manifeste à la Population

CHERS CONCITOYENS,

Répondant à l'appel de la Commission Municipale du Monument aux Morts pour la Patrie, fraternellement unis dans une noble pensée de reconnaissance, nous avons accepté avec un pieux empressement et dans un élan d'Union Sacrée la mission d'en appeler à vos sentiments généreux pour perpétuer le souvenir de ceux de nos Concitoyens qui sont tombés pour sauver la Patrie !

Vos grands Morts, Chers Concitoyens, nous les estimions autant que vous les aimiez, nous les pleurons autant que vous les pleurez ! Ils étaient pour vous des époux et des pères tendrement affectionnés qui faisaient le bonheur de vos foyers ; des fils qui étaient votre orgueil et votre joie ; des frères, des amis que vous entouriez d'une profonde tendresse ! Ils étaient pour nous tous et pour la Ville de Rosendaël des citoyens chers à nos cœurs ; ils faisaient honneur à notre chère Cité ! Nous avons le grand devoir de ne pas les oublier. Nous voulons que leurs noms, gravés sur le Marbre, redisent aux générations futures leur sacrifice sublime à la Patrie, les regrets qu'ils nous ont laissés et notre reconnaissance incommensurable !

Vous accueillerez avec déférence, Chers Concitoyens, ceux d'entre nous qui, dans quelques jours, se présenteront à domicile pour recueillir les souscriptions destinées à l'érection du Monument du Souvenir. Vous vous montrerez généreux ; toutes les familles, sans exception, auront à cœur de participer à cette grande œuvre de reconnaissance et de rendre ainsi un hommage public aux enfants de Rosendaël tombés pour la Patrie et la Liberté !

Les familles qui s'absenteraient et qui, dans ce cas, ne pourraient pas recevoir les personnes chargées de la Souscription, sont informées qu'elles peuvent, dès à présent, déposer dans la Caisse du Receveur Municipal le montant de leur offrande.

Debout les vivants ! C'est pour nos Morts !

Pour le Comité,

Le Président d'Honneur,	Le Président,
M. FÉLIX COQUELLE,	M. EUGÈNE DUMEZ,
Maire de Rosendaël,	*Adjoint au Maire,*
Conseiller Général du Nord,	*Officier de l'Instruction publique,*
Officier de l'Instruction publique.	*Chevalier de la Légion d'Honneur.*

Nous aurions voulu nous étendre sur la beauté grandiose du monument admirablement conçu par M. Ringot, l'excellent sculpteur, et édifié par l'éminent architecte M. Gontier. Dans son discours que nous publions plus loin, M. Dumez, analyse très bien l'œuvre de notre compatriote et en explique congrument les différentes parties, ainsi que la signification. De l'avis général, elle est magnifique et se dressant, majestueuse et imposante sur la place, devant l'église, elle est du plus bel effet. A ce sujet, nous nous permettrons d'ajouter une petite observation. On se plaint généralement de la laideur de nos monuments publics qui déshonorent les places de tant de villes de province et même de Paris ! Eh bien ! nous estimons que le Mémorial de Rosendaël échappe à cette critique et que peu de cités de provinces pourront se vanter d'en avoir un pareil. Il est digne, en tous points, des Grands Morts en l'honneur de qui il a été érigé. Avec l'autre monument qui se dresse place Voltaire, il sera l'orgueil de notre ville. Les étrangers viendront le visiter et l'admirer. Ce sera un attrait de plus à notre coquette « Vallée des Roses ».

1er NOVEMBRE :

LA VISITE AU CIMETIÈRE

Dans toute la France, à l'occasion de la Toussaint, de pieux pèlerinages sont faits aux cimetières et aux lieux désormais historiques où dorment de leur dernier sommeil ceux qui ont donné leur vie à la Patrie. Rosendaël n'a pas manqué à cette belle tradition. Ce fut comme le prélude de l'inauguration du monument élevé à ceux de ses enfants morts au «*Champ d'Honneur*». Aussi, le 1er novembre 1921, à 10 heures du matin, avait lieu une manifestation au cimetière pour rendre hommage aux Grands Morts de la Guerre et fleurir les tombes des soldats enterrés dans la nécropole de Rosendaël.

Un cortège composé du Conseil municipal, de la Compagnie des Sapeurs Pompiers, d'une centaine d'enfants de toutes les Écoles communales et libres, et d'une délégation de Mutilés, partit de l'École de la rue Jules Ferry, précédé de la Musique Municipale qui exécuta des Marches funèbres. Par les rues de la Gare, du Chapeau Rouge, de l'Amiral Lhermitte, le cortège gagna le cimetière.

Pendant que les Sapeurs Pompiers rendaient les honneurs, pieusement les enfants des écoles fleurirent les tombes des braves reposant dans la nécropole Rosendaëlienne ; puis, après ce geste émouvant de souvenir et de reconnaissance, sur le terre-plein, face au cimetière militaire, M. Félix COQUELLE, Maire, adresse aux Morts un éloquent hommage et donne la parole à M. Eugène Dumez, adjoint, Président de la Commission municipale, qui prononce avec émotion une allocution dont voici les idées essentielles :

Il est juste que les soldats qui ont donné leur vie pour sauver la Patrie et la Liberté menacées reçoivent un hommage particulier. Les enfants doivent être associés à cette manifestation de gratitude. S'ils vivent aujourd'hui heureux et libres, s'ils voient s'ouvrir devant eux un avenir plein d'espérance, c'est à nos Chers soldats qu'ils en sont redevables. L'orateur les félicite de leur beau geste, mais les adjure en même temps de garder le culte du souvenir et de renouveler chaque année leur pieux pèlerinage. Ils prouveront ainsi qu'ils comprennent la grandeur du sacrifice de nos héros. M. Dumez remercie encore toutes les sociétés présentes du bienveillant concours qu'elles ont donné en cette circonstance.

A l'issue de la cérémonie, le cortège regagna par le même itinéraire et, dans le même ordre, la place de la Mairie, où s'opéra la dislocation.

INAUGURATION DU MONUMENT

A LA MÉMOIRE DES SOLDATS DE ROSENDAEL MORTS POUR LA FRANCE.

La date choisie pour l'inauguration du Monument est arrivée. Le Comité d'organisation, respectueux de l'Union sacrée qui avait été observée fidèlement depuis l'ouverture des débats relatifs à l'érection du monument, avait tenu à faire précéder la cérémonie officielle d'une cérémonie religieuse. C'est ainsi que le dimanche 6 novembre, à 10 h. 30, une messe fut célébrée, dans l'église paroissiale de Rosendaël, par M. le Chanoine HANTSCHOOTTE, le sympathique Doyen. Le chœur de l'Eglise avait revêtu sa grande parure des jours de deuil. On y voyait, avec leurs drapeaux, les délégations des principales Sociétés de la Ville. Le Conseil municipal, ayant à sa tête M. COQUELLE, assistait au complet à la cérémonie. L'Eglise, cependant très vaste, pouvait à peine contenir le nombre considérable des fidèles.

Après l'Evangile, M. l'Abbé DENECKER, vicaire, prononça une allocution des plus remarquables où il fit ressortir le symbolisme du monument et les grandes leçons qui s'en dégageront désormais à travers les générations.

Il a montré l'humble poilu, martyr de l'Idéal, obscur instrument des desseins de Dieu, fidèle à la consigne historique de la Patrie Française, défendant sa terre et sa maison, son clocher et le cimetière des aïeux, défendant aussi la liberté du monde et forgeant de ses mains ensanglantées l'incomparable Victoire du Droit.

Il a évoqué en termes saisissants les douleurs des soldats sur les Golgothas multiples du front, l'enfer des tranchées, l'atroce vision de la mort, loin de l'épouse, de la mère, des petits enfants, la longue plainte humaine s'élevant des champs de bataille. Il a évoqué aussi les souffrances intimes de ceux qui restaient au logis désert, qui tremblaient, qui peinaient, qui priaient !

Mais ce monument n'est pas seulement un mémorial expressif qui fera surgir l'Ange de la Victoire et l'image de nos morts ; il se dégagera encore de cette pierre magnifique de précieux enseignements ! Elle dira la leçon du sacrifice ; elle chantera l'Espérance ; elle réclamera des prières ; elle restera parmi nous comme un appel puissant à la concorde et à l'union.

Les paroles de l'orateur soulevèrent un peu partout dans l'immense auditoire des sanglots qui ne cherchaient plus à s'étouffer...

Après la messe M. le Chanoine Hantschootte, Vice-Doyen, Curé, accompagné du clergé, précédé de tous les drapeaux et suivi du Conseil municipal, se rend en face du monument érigé sur la place de l'Église et d'un geste large le bénit. C'est impressionnant de grandeur, au milieu des éléments déchaînés, de la pluie diluvienne qui tombe et du vent qui souffle en tempête. La foule se retire encore tout émue par la grandiose cérémonie à laquelle elle vient d'assister et dont elle gardera un impérissable souvenir.

L'INAUGURATION OFFICIELLE

Le temps, déjà très mauvais le matin, ne s'était pas amélioré l'après-midi. La pluie avait cessé, mais le froid était intense et le vent continuait de souffler en rafale. Cela n'empêcha pas la foule, et surtout les familles des Chers disparus, d'accourir très nombreuses pour manifester leur culte à ceux que l'on glorifiait. Trois heures. Un cortège s'est formé Place de la Mairie, qui groupe les diverses sociétés et les enfants des écoles, musique en tête, il se rend sur la Place de l'Église, où doit avoir lieu l'inauguration officielle. Les drapeaux des sociétés se placent autour du monument.

Parmi les autorités, nous remarquons : le Conseil Municipal de Rosendaël au complet et à la tête duquel se trouvent : MM. Félix COQUELLE, Maire, Conseiller Général, CARLIER et DUMEZ, adjoints, MM. de LAVENAY, Sous-Préfet de Dunkerque, le Général CARTIER, gouverneur, VANCAUWENBERGHE, Président du Conseil Général, CAVROIS et GOETHALS, Conseillers d'arrondissement, TERQUEM, Maire de Dunkerque, CASTELAIN, adjoint au Maire de Malo-les-Bains, FONTAINE, Maire de Coudekerque-Branche, BAES, Maire de Téteghem, OUTERLEYS, Maire de Leffrinckoucke, L. VAN CAPPEL, ancien adjoint de Rosendaël, juge de paix à Hondschoote, MONTEUIS, Vice-Président des Hospices de Dunkerque à Rosendaël, le Commandant GAZARETH, de la Place de Dunkerque, le personnel de l'Enseignement, le clergé de Rosendaël, les Lieutenants de Pompiers DUVAL et DEFEYER, PAQUET, Commissaire de Police, etc.....

Après le salut au Drapeau et l'exécution de la Marseillaise, on ouvre le ban ; puis M. Eugène DUMEZ, adjoint au Maire, Président du Comité d'Organisation, debout au pied du monument, prononce au milieu de l'attention générale, d'une voix vibrante et convaincue, le magnifique discours suivant, empreint du plus pur patriotisme :

MESSIEURS,

MES CHERS CONCITOYENS,

J'ai le très grand honneur, en ma qualité de Président de la Commission municipale, d'être chargé de remettre à la ville de Rosendaël le Monument du souvenir destiné à perpétuer la mémoire de nos Grands Morts, de nos Chers Morts, des 481 nobles victimes tombés au cours de la Grande Guerre pour la défense du sol sacré de la Patrie, la Sauvegarde du droit et la Liberté des Peuples.

Je ressens certes, une émotion profonde en me trouvant sur ces dalles sacrées qui servent d'assises à l'œuvre grandiose conçue et exécutée par un grand artiste de notre région, M. RINGOT, qui eut la bonne fortune de s'adjoindre M. GONTIER, l'architecte bien connu. Mais, j'éprouve aussi une noble fierté de pouvoir prendre la parole au pied même de la bête immonde, écrasée, terrassée et qui personnifiait la nation la plus orgueilleuse, la plus féroce et la plus barbare que nos Poilus et nos Alliés ont vaincue!

C'est dans sa séance du 30 mai 1915 que le Conseil municipal, sur l'initiative de son dévoué Maire, conçut, pour la première fois, l'idée d'élever aux Enfants de Rosendaël, disparus dans la grande tourmente, un Monument digne de leur héroïsme et de leur sacrifice à la Patrie. Mais, la Guerre continuait et la liste lugubre de nos Morts s'allongeait dans des proportions effrayantes. Ce projet fut remis d'année en année; d'autres délibérations furent prises par le Conseil municipal et ce ne fut qu'en 1918, après l'armistice qui sonna le glas de la défaite de nos ennemis qu'il fut décidé, dans la séance du 30 novembre 1918, que M. Ringot serait chargé d'exécuter un projet de Monument qui devait dépasser de beaucoup, comme ampleur et comme forme, les prévisions de la première heure. La maquette présentée par l'auteur, fut acceptée. Il fallait trouver l'emplacement convenable et les ressources nécessaires pour mener à bien l'œuvre qu'on allait entreprendre.

Il fut d'abord décidé que le Monument qui rappelait le souvenir de la naissance de Rosendaël serait transporté ailleurs, et, qu'en ses lieu et place, se dresserait celui dédié à nos Morts. Puis, le Conseil municipal, dans sa séance du 14 novembre 1920, vota la part contributive de la Ville; des personnes dévouées se chargèrent de recueillir à domicile les souscriptions des habitants, l'obole du pauvre et l'offrande du riche. Un don généreux, fait avec la simplicité et la noblesse de sentiment qui caractérisent le donateur de cette largesse, fut versé dans la Caisse du Receveur municipal; l'Etat, enfin, vint à notre aide. Le Monument fut commencé vers la fin de 1920 et put être achevé à l'époque fixée.

Cette œuvre, d'une conception vraiment remarquable, aux lignes si pures et si harmonieuses, est à la fois puissante et décorative. Mon rôle est de vous en faire une très brève description.

Sa forme générale est celle d'une large pyramide tronquée au sommet de laquelle la France, au visage triste et grave, dicte à l'Histoire, dont les regards sont fixés sur elle, les phases évocatrices de la Guerre et les noms de nos Grands Morts. Dans la partie même du Monument, l'artiste, fait sortir du tombeau, entraînés par la Victoire aux ailes étendues, nos Poilus, qui, dans leur élan vers l'Immortalité, renversent la pierre de leur sépulcre sur l'aigle maudite, râlante, inerte et impuissante mais relevant encore la tête, comme pour jeter un nouveau défi à l'Humanité !

Aux assises, les quatre angles représentent des groupes allégoriques.

Au premier plan, à droite, un vieillard enchaîné tient sur ses genoux un enfant épuisé par le travail forcé et les mauvais traitements des Allemands, tandis que de la main droite il fait le geste de vouloir menacer un ennemi sans entrailles dont les crimes, sur tant de chétives et innocentes victimes, ont fait tressaillir d'horreur le monde entier. A gauche, une pauvre enfant à demi-nue, victime de la bestialité des Allemands, tombe épuisée sur les genoux de sa mère brisée de douleur qui, d'un regard chargé de haine, le bras étendu vers l'aigle prussienne, lui lance sa malédiction.

En arrière, à droite, un navire a été torpillé par un sous-marin ; un bateau de sauvetage, envoyé au secours des malheureux naufragés est aperçu par le monstre : il n'est pas épargné, il va disparaître à son tour dans les flots. Une femme éplorée a recueilli dans ses bras une pauvre petite victime de ce lâche forfait, alors qu'une autre tente d'échapper à la mort en s'accrochant à ses vêtements. Enfin, le dernier groupe représente une mère serrant ses enfants, les regards fixés vers le ciel, scrutant l'horizon, où apparaîtront peut-être bientôt les sinistres oiseaux boches qui répandent le deuil, les ruines et la mort loin des champs de bataille !

Sur trois faces du Monument sont gravés dans la pierre, par année et par lettre alphabétique, les noms des 481 enfants de Rosendaël que nous honorons en ce moment. A la partie supérieure de la pyramide, sur une frise, l'artiste a inscrit les noms immortels qui rappellent les plus grands faits de la Guerre : Marne, Yser, Alsace, Flandre, Champagne, Artois, Aisnes, Vosges, Argonne, Verdun, Somme ! Pouvait-on concevoir une couronne plus belle pour ceindre les sublimes héros que nous pleurons ? . . . .

Tel est, Messieurs, le Monument du Souvenir qui rappellera aux générations futures, la grandeur du sacrifice et la mort des nobles victimes de l'épouvantable catastrophe qui a causé tant de vides dans nos Chers foyers.

Ma tâche est terminée !. . . Mais je ne puis oublier, avant de descendre de ce cénotaphe, qu'hier encore, j'avais l'honneur de me compter au nombre de ceux qui sont chargés de l'éducation et de la formation de la Jeunesse. Et, puisque, dans cette foule immense qui se presse pour honorer nos Chers Morts, j'aperçois de très nombreux enfants, c'est pour eux que je veux maintenant parler. Où pourrais-je rêver une chaire plus belle pour terminer ma dernière classe ! ! . . . ,

Mes chers petits amis, écoutez les conseils du vieux maître qui a passé les 45 années les plus belles de sa vie au milieu des enfants qu'il a aimés, qu'il aime toujours et qu'il aimera jusqu'à son dernier souffle, et, ces conseils, gravez-les profondément dans votre cœur pour ne les oublier jamais!

« Mes chers enfants, vous viendrez souvent vous arrêter au pied de ce monument sacré, vous le contemplerez avec respect, vous vous recueillerez et vous prendrez la ferme résolution de ne jamais y laisser porter une main sacrilège!... Les Morts, mes petits amis, sont la rançon de la Patrie!... Ce monument que nous leur avons dédié, c'est leur propriété que nous devons transmettre intacte aux générations futures... Puis, dans vos méditations, en lisant ces longues listes de noms qui rappellent pour vos familles si éprouvées et pour vous le souvenir d'un époux, d'un père, d'un fils, d'un frère, d'un ami tendrement aimés, vous vous demanderez: « Pourquoi ce monument? Pourquoi tous ces noms? Pourquoi coudoyons-nous à tout instant tant de gens, jeunes encore, glorieux débris échappés au carnage, qui ne sont plus comme les autres? Pourquoi tout cela est-il arrivé et pour qui?»... Pour qui? Ah! mes enfants, pour vous, pour faire votre vie plus belle et plus douce, pour éloigner de vous à jamais toutes les horreurs, les ruines, les dévastations, les larmes, tous les deuils et les crimes infâmes d'un ennemi lâche et cruel, pour que vous ne voyiez jamais plus ces longues années sanglantes, angoissantes, douloureuses que nous avons vécues!... Et, à mesure que vous grandirez et que vous entrerez dans la vie, vous conserverez toujours la même devise: Respect, Souvenir, Affection, Reconnaissance envers nos Chers Grands Morts de Rosendaël!»... Honneur et Gloire à nos Chers Morts et Vive la France immortelle!

Monsieur le Maire, j'ai l'honneur de vous remettre et de confier à votre garde le Monument du Souvenir!

L'impression produite par le discours de M. E. Dumez a été considérable: des applaudissements partis de tous les points de la place ont éclaté prouvant à l'orateur combien il avait été compris... L'émotion était à peine calmée quand M. le Sous-Préfet de Dunkerque prit la parole. Il salue au

3

nom du Gouvernement de la République les enfants de Rosendaël morts pour la Patrie au cours de la Grande Guerre ; il tient à signaler l'union qui s'est faite pour l'érection du Monument. Puis, il engage l'assistance à garder le souvenir du sacrifice de nos héros qui n'eurent qu'un souci : celui de la Victoire et de la Paix pour lesquelles ils ont donné leur vie....

M. PLANCKEEL, fils d'un ancien Maire de Rosendaël, mutilé de la jambe droite, la poitrine ornée de la Croix de Guerre et de la Médaille Militaire, récite la belle poésie suivante composée pour la circonstance par M. BRUNET, professeur au Collège Jean-Bart. Ces vers, sonores, bien frappés et marqués au bon coin, évoquent d'une façon saisissante la grande Epopée et ceux qui en ont été les sublimes artisans : « Honneur de la Cité, Martyrs de la Patrie ». Et puis ce n'était pas un spectacle banal que celui de M. PLANCKEEL, grand mutilé, déclamant d'une voix vibrante et de toute son âme, devant ce monument de gloire et de deuil, cette poésie où revit l'héroïsme de nos « Poilus » où sont retracés en traits énergiques les exploits de ses camarades et les siens, comme aussi leurs souffrances et leurs aspirations ! Poète et interprète ont été chaleureusement applaudis, et c'était justice !....

AUX ROSENDAELLIENS MORTS POUR LA FRANCE.

Morts chéris et sacrés, rançon de la Patrie.
Enfants de Rosendaël, je vous vois tous venir
Près de ce monument, dont la pierre fleurie
Célèbre votre gloire et votre souvenir.
Si vos corps sont absents, pauvres chairs dispersées
Du couchant au levant, si loin du sol natal,
Vos âmes à jamais habitent nos pensées.
Du charnier des combats ou des lits d'hôpital,
Elles ont pris leur vol vers nos âmes dolentes.
Non pour s'y reposer d'avoir bien combattu,
Mais, au foyer des cœurs secrètement vivantes,
Pour y ressusciter leur sublime vertu.
Survivant au devoir, elles auraient cru lâche
De céder sans retour aux atteintes du sort ;
C'est pourquoi nous sentions palpiter sans relâche
Et bouillonner en nous leur viril réconfort,
Dans les jours malheureux de l'implacable guerre ;
Et, maintenant que sont passés les temps mauvais,
Leur invisible feu, qui nous brûlait naguère,
Nous aiguillonne encore aux travaux de la paix.

Morts chéris et sacrés, quel exemple est le vôtre !
Ah ! vous aviez rêvé d'une guerre tout autre,
Sans merci, mais loyale et franche, où la fureur
Se pare de noblesse en sa tragique horreur,
De lutte à découvert, au grand jour étalée,
Où, quand un soldat tombe en l'ardente mêlée,

Comme dans le champ clos d'un épique duel,
C'est devant le soleil, à la face du ciel,
Dans la nuit de la terre, où leur peur s'enveloppe,
Vos louches ennemis, enfouis comme la taupe,
Trois ans vous ont contraints à des combats obscurs,
Meurtriers et sans gloire, entre les quatre murs
De leurs terriers maudits, infestés de vermine.
Enlisés dans la glaise ou happés par la mine.
Dévorés par le feu d'insolites engins,
Egorgeant au couteau comme des assassins.
Sous le vent des obus s'abattant par rafales,
Dans les brouillards troués de lueurs infernales.
Etranglés par les gaz perfides et puants,
Glacés, boueux l'hiver, l'été poudreux, suants,
Et si souvent lassés de vaines espérances,
Vous avez épuisé l'océan des souffrances.
Heureux ceux qui sont morts dans les derniers combats,
Quand fuyait l'Allemand, talonné par nos gars.
Sur le sol libéré de l'immonde souillure.
Ils ont vu s'élever éblouissante et pure.
Dans la rouge splendeur de leurs sanglants sillons.
Une Victoire immense. Au front des bataillons.
Elle étendait ses larges ailes frémissantes
Jusqu'aux lointains du monde. et de ses mains puissantes
Poussait partout, l'épée aux reins. les ennemis.
Et puis, pieusement. ils se sont endormis.
Vous qui n'avez connu que les jours de détresse.
L'effort vain, les reculs affolants. sous la presse
Du nombre, tout espoir écroulé sous vos pas.
Ou le doute énervant la vigueur de vos bras,
Quand l'odieux soudard. malgré votre vaillance.
Arrachait de vos mains des lambeaux de la France.
Dans quelle mer d'angoisse ont dû sombrer vos cœurs!
Et pourtant, vous aussi vous êtes les vainqueurs.
Dans les rudes assauts du Droit contre la Force.
Entre nos champions il n'est point de divorce;
Tous ont même mérite, en la communauté
Du martyre enduré pour notre liberté.

Tous sont les ouvriers de la gloire finale;
Et ceux qui sont passés sous l'arche triomphale
Où monte vers les cieux l'héroïsme inconnu,
S'avançaient précédés, sur le sol vaste et nu,
Du cortège invisible et nombreux des victimes
Qui versèrent leur sang dans les combats sublimes,
Des morts, comme eux vainqueurs et comme eux glorieux,
Venant prendre leur part du triomphe avec eux.

Morts chéris et sacrés, lorsque sur vos paupières
Déjà le grand sommeil posait son doigt de plomb,
A quoi donc songiez-vous, dans les affres dernières,
Où tant de visions se pressent sous le front?
Pensiez-vous que la paix, laissant nos bras inermes,
Pour soulager les maux ou reprendre l'outil,
Ferait les cœurs plus durs et les âmes moins fermes?
Que ceux qui, rassemblés dans le commun péril,
Sentaient des flots d'amour soulever leurs poitrines,
A tous les dévouements inlassablement prêts,
N'auraient plus, au milieu des deuils et des ruines,
Que l'insolent souci de mesquins intérêts?
Si quelques égarés, déserteurs de leurs frères,
De vos espoirs déçus ont pu sonner le glas,
O morts, pardonnez-leur des fautes passagères
L'épreuve fut si longue et nous étions bien las.
Ils reprendront leur rang près des vaillantes âmes
Qui n'ont point abdiqué l'honneur et le devoir;
Vous les embraserez par de nouvelles flammes,
Et quand, tous revenus, enfin vous pourrez voir,
Par le labeur de tous, la France relevée,
De nouveau soulevant la pierre des tombeaux,
Jugeant votre œuvre bonne et la paix achevée,
Vous entrerez alors dans l'éternel repos.

Morts sacrés, à cette heure émouvante et propice
Où s'inclinent les fronts devant ce monument
Dressé comme l'autel de votre sacrifice,
D'un cœur religieux, nous faisons le serment,

Héritiers de grands noms, gardiens de votre gloire,
Fils, frères de héros, d'être dignes de vous.
Nous défendrons votre œuvre avec un soin jaloux;
Nos mains sauront cueillir les fruits de la victoire.
Faite de tant de sang et de larmes, pas un
Ne pourrait supporter qu'elle soit amoindrie,
Soldats de l'Yser, de la Marne et de Verdun,
Honneur de la Cité, martyrs de la Patrie!

Enfin M. COQUELLE, qui présidait la Cérémonie, clot la série des discours. Avec cette éloquence à la fois simple et forte qui lui est familière, le premier Magistrat de Rosendaël a admirablement synthétisé le sens de la cérémonie qui vient de se dérouler, la signification du Monument élevé aux enfants de la Cité dont il assure l'administration avec tant de zèle et de dévouement depuis tantôt dix huit années. En termes très heureux, il a fait appel à l'Union de tous les Français pour le relèvement de la Patrie.

MESDAMES,

MESSIEURS,

J'adresse tout d'abord les plus vifs remerciements aux personnalités qui ont bien voulu répondre à l'invitation de l'Administration municipale. En assistant à cette Cérémonie, ils donnent à la population de Rosendaël, une haute preuve de sympathie.

Des remerciements sont dus aussi aux souscripteurs pour leur contribution aux frais du monument et aux Membres du Comité qui se sont dévoués pour solliciter et obtenir les cotisations.

Il m'est très agréable encore de signaler l'empressement avec lequel le Conseil municipal a décidé d'honorer les nobles victimes de la guerre. Dès les premiers mois de 1915, en effet, il confiait à l'artiste de talent M. RINGOT, et à l'habile architecte, M. GONTIER, la mission de préparer un projet de Monument digne des Héros qui déjà étaient tombés sur les champs de bataille. Les premières luttes avaient été meurtrières car à la fin de septembre 1914, depuis le 15 août à Dinant, quarante Rosendaëliens avaient déjà succombé. Ce n'était, hélas ! qu'un commencement ! La Mort devait continuer sa moisson sanglante pendant plus de quatre ans, et porter à quatre cent quatre vingt-un le nombre des braves dont il faut rappeler le sacrifice.

La description du Monument que vient de donner si clairement le Président du Comité, indique les idées qui ont présidé à sa conception. Sauf quelques modifications de détail, suggérées par les événements, c'est le projet remontant à 1915 qui a été exécuté. Bien que rappelant les atrocités de la guerre, la réalisation du projet n'a pas été une œuvre de haine. Les Français sont incapables de ce sentiment; ils sont plutôt trop portés à l'oubli, et vont même, dans une générosité aveugle, jusqu'à se laisser séduire par la dangereuse chimère de la Fraternité des Peuples. Aussi, c'est une mesure de sécurité et un nécessaire appel à la vigilance de mettre d'une façon sensible les générations futures en garde contre une Nation qui ne se résigne pas à la défaite et prépare déjà la revanche.

Le Monument glorifie les Morts : mais il est aussi un hommage aux Combattants qui ont échappé à l'affreux massacre et ont eu la satisfaction de voir le triomphe de nos armées. Ce sont leurs exploits, aussi bien que ceux des Morts que dicte à l'Histoire la France, grave, fière, recueillie, placée au sommet du Monument. Elle nous invite à saluer avec respect et admiration les Artisans de la Victoire, les Vainqueurs de l'Yser, de la Marne, de Verdun, de la grande poussée finale.

La France nous invite à entourer de notre douloureuse sympathie les pères et mères inconsolables, les épouses dont le foyer est détruit, les enfants privés de leur soutien, toutes les familles portant le deuil de l'un des leurs.

De génération en génération, cette place sera un but de pèlerinage. Les enfants viendront ici épeler les noms des héros obscurs précipités dans les flots, des hardis pilotes de l'air frappés en plein ciel, des intrépides assaillants des redoutes ennemies tombés sous la mitraille, des tenaces gardiens des tranchées ensevelis sous les décombres. Tous les habitants viendront s'incliner devant ce monument pour honorer nos Chers et glorieux morts qui dorment leur dernier sommeil sur les immenses Champs de bataille, pour rappeler leur Souvenir, s'inspirer de leur exemple, invoquer leur protection.

« C'est la cendre des Morts qui créa la Patrie ! » affirma Lamartine ; nous pouvons modifier cette formule et déclarer : « C'est le sang de nos morts qui sauva la Patrie ! »

Que serait devenue en effet la France sans le sacrifice de ses enfants ?

Travaillons pour que ce sacrifice ne soit point inutile, pour ramener la prospérité dans notre pays épuisé, pour créer la force qui met à l'abri des attaques et impose la Paix ; oublions nos querelles dissolvantes ou au moins stériles ; soyons prêts à défendre notre pays s'il était à nouveau injustement attaqué et à donner, s'il le fallait, notre vie, comme les Héros dont nous glorifions aujourd'hui la Mémoire.

Martyrs sacrés ou fiers vainqueurs,
O Morts pour la Patrie !
A vous la gloire, à vous, grands cœurs,
Les Hymnes et les Fleurs !
La France qui vous prie,
Dans l'ombre est à genoux,
O Morts pour la Patrie,
Toujours veillez sur nous !

Héros d'hier et d'autrefois
Sans peur et sans reproche
Rosendaëliens, tous sans émoi
Debout à notre voix !
Entendez notre cloche !
Sortez de vos tombeaux,
Sans peur et sans reproche,
Planez sur nos drapeaux !

Quand M. Coquelle a terminé son discours, les cloches sonnent à toute volée. Le ban est fermé. On joue de nouveau « Au Drapeau » et la Marseillaise. Les délégations déposent de magnifiques couronnes parmi lesquelles on remarque celles de l'Union et du Syndicat Horticoles de

Rosendaël, des Mutilés. Les enfants des écoles font le tour du Monument et y jettent des quantités de petits bouquets : geste gracieux qui a beaucoup plu, hommage des jeunes générations aux aînés qui ont sacrifié pour elles ce qu'ils avaient de plus cher au monde !

Le cortège se reforme et la musique, accompagnée de la batterie des sapeurs pompiers, attaque la marche célèbre : « Vous n'aurez pas l'Alsace et la Lorraine ». La foule pieusement se dirige vers le Monument et le cortège se rend à la Mairie où s'opère la dislocation.

LISTE

par année et par ordre alphabétique des Soldats de Rosendaël inscrits sur le Monument

1914

Ballot, François.
Barbier, Ange.
Bekaert, Ovide.
Berteloot, René.
Beyaert, Tobie.
Bocage, François.
Bodet, Maurice.
Bouchery, Auguste.
Bresson, René.
Brousse, Pierre.
Buniet, Louis.
Buttin, Jérémie.
Carton, Auguste.
Cathala, Simon.
Caty, Arthur.
Cockenpot, Georges.
Deboo, Georges.
Decanter, Louis.
Deconinck, Arthur.
Degroote, Martial.
Dely, Albert.
Demol, Henri.
Derancé, Henri.
Derickxsen, Marcel.
Desitter, Jérôme.
Detraux, Camille.
Dewinter, Paul.
Dubois, Anatole.
Ducrocq, Louis.
Dumont, Émile.
Fermyn Edouard.
Follet, Alfred.
Follet, Georges.
Gokelaere, Albert.
Gries, Ernest.
Hespel, Max.
Hocquette, Ernest.
Hollant, Eugène.
Ingelaere, Julien.
Jacobsoone, Arsène.
Jansen, Maurice.
Jolly, Constant.
Laroye, Jules.
Lefebvre, Géry.
Lesage, Henri.
Liénard, Jules.
Maeckereel, Albert.
Maesen, Auguste.
Mahieu, Léon.
Messeant, Louis.
Minne, Jean.
Missuwe, Marcel.
Mouchie, Joachim.
Muller, Georges.
Nageldinger, Jean.
Osten, Charles.
Osten, Théodore.
Oustelandt, Jules.
Pauwels, Jules.
Poullein, Paul.
Pyck, Octave.
Quartemont, Gustave.

Ribreux, Louis.
Robyn, Marcel.
Ryckman, Emile.
Sipieter, Oscar.
Sophys, Maurice.
Standaert, Julien.
Tartarin, Eugène.
Tartarin, Louis.
Thoores, Paul.
Tridon, Georges.
Van de Mortele, Edouard.
Vanleke, Charles.
Vannoorenberghe, Henri.
Vanraet, Charles.
Vansteene, Paul.
Verhille, Albert.
Verlet, Daniel.
Villiers, Henri.
Vitse, Georges.
Willems, Albert.
Willems, Léon.

1915

Aerdaen, Jules.
Ammeloot, Jérôme.
Babelaere, Jules.
Baelden, Paul.
Baelen, Gustave.
Baelen, Lucien.
Beghein, Germain.
Bertheloot, Emile.
Beugnies, Noël.
Blondeau, Charles.
Bommel, Ferdinand.
Bommel, Julien.
Bossart, Alfred.
Bouchery, Eugène.
Bouwyn, Henri.
Brickaert, Léon.
Broutin, Julien.
Bruegghe, Emile.
Cattoen, Edouard.
Caytan, Victor.
Claeys, Ernest.
Claeyssen, Auguste.
Claeyssen, Ernest.
Cockenpot, Prosper.
Colin, Georges.
Cousin, Georges.
Crignier, Ernest.
Crocquey, Gustave.
Crop, Jules.
Debril, Ernest.
Decanter, Lucien.
Deconinck, Emile.
Decoster, Georges.
Degraeve, Maxime.
Dehuysser, Eugène.
Deire, Lucien.
Delannoy, Marcel.
Deman, Albert.
Deneuwelaere, Auguste.
Deneuwelaere, Julien.
Deny, Eugène.
Depuydt, Louis.
Deram, Georges.
Dericksen, Georges.
Deschepper, Léon.
Desoullier, Lucien.
Devos, Arsène.
Dewulf, Henri.
Dooms, Marcel.
Dubaele, Paul.
Dubois, Albert.
Duquenne, Pierre.
Duquenoy, Joseph.
Everaere, Désiré.
Everaert, Arthur.
Faritiet, Jules,
Flahou, Jules.
Flamein, Marcel.

Fonteyne, Daniel.
Foutreyn, René.
Frucquet, Paul.
Fryson, Joseph.
Gilles, Joseph.
Gilles, Julien.
Gressier, Paul.
Handtschoewercker, Valentin.
Hendryckx, Léonard.
Hennebil, Charles.
Hoestlandt, Maurice.
Hollant, Albert.
Hooft, Jules.
Jansen, Jules.
Janssen, Gustave.
Ketelers, Emile.
Labaert, Edouard.
Lagassy, Arthur.
Legrand, Georges.
Lépinois, Henri.
Leroy, Désiré.
Le Tutour, Abel.
Loubry, Henri.
Machart, Marcel.
Machart, Numa.
Mafran, Emile.
Maquignon, Noël.
Marchyllie, Auguste.
Maréchal, Jules.
Marin, Georges.
Marteel, Marcel.
Ménard, Georges.
Mersseman, Henri.
Micke, Martial.
Ocquet, Homère.
Osten, Arthur.
Pattyn, Octave.
Portebois, Evariste.
Prem, Maurice.
Provou, Marcel.
Prussenaer, Lucien.
Rahou, Gustave.
Redey, Marceau.
Ricour, Maurice.
Riem, Auguste.
Rogier, Louis.
Ryckebusch, Cornil.
Ryckeman, Rémi.
Saint-Martin, Maurice.
Saussier, Henri.
Schodduyn, Marcel.
Seguin, Jean.
Sipieter, Henri.
Soigniez, Robert.
Soulliaert, Georges.
Spillemaecker, Abel.
Spyns, Marcel.
Taghon, Georges.
Taverne, Emile.
Thomas, Lucien.
Trupchaux, Arthur.
Truy, Georges.
Tyberghein, Eugène.
Tyrou, Alfred.
Vandamme, Lucien.
Vandamme, Maurice.
Vandecasteele, Albert.
Vanhove, Alfred.
Vanloo, Albert.
Vanraet, Marcel.
Vanrenterghem, Maurice.
Vantorhoudt, Camille.
Vanuxem, André.
Vanywaede, François.
Verbrigghe, Alphonse.
Verhiepe, Marcel.
Verhulst, Henri.
Verkoucke, Maurice.
Verleye, Fernand.
Vitaux, René.
Vranken, Georges.
Weens, Gaston.

Weisbecker, Victor.
Wion, Georges.
Wyckaert, Eugène.

1916

Alglave, Amédée.
Becque, Joseph.
Beghein, Emile.
Bétourne, Arthur.
Blanchon, Henri.
Bocage, Charles.
Bogaert, Albert.
Bommel, Gaston.
Bourgois, Georges.
Byl, Marcel.
Chicherit, Maurice.
Cordier, Armand.
Coulier, Lucien.
Cousein, Georges.
Crampe, Jules.
Debeir, Georges.
Decreton, Henri.
Defive, Albert.
Dehuysser, Gaston.
Demeester, Henri.
Denys, Arthur.
Dequeker, Henri.
Destuynder, Jules.
Devlamynck, Léon.
Dewaele, Marcel.
Dewintre, Gustave.
Dhondt, Firmin.
Dooms, Fernand.
Dubar, Charles.
Dubuisson, Auguste.
Ducrocq, Julien.
Duforet, Lucien.
Dufour, Albert.
Duvin, Paul.
Envin, Lucien.
Fahy, Emile.
Faihy, Achille.
Finot, Ernest.
France, Maurice.
Galloo, Edouard.
Gilles, Gaston.
Gilles, Victor.
Goudry, Louis.
Govaert, Jérôme.
Gremain, Julien.
Henneber, Jules.
Joui, Georges.
Laforce, Julien.
Lapière, Marcel.
Larange, Léon.
Lasuye, Arthur.
Legrand, Maurice.
Locqueneux, Paul.
Lootvoet, Marcel.
Maesen, Ernest.
Mahieu, Eugène.
Mahieu, Lucien.
Maréchal, Maurice.
Mevaere, Emile.
Meveare, Henri.
Mine, Jean.
Monfet, Georges.
Morael, Georges.
Muys, Henri.
Nicolet, Alphonse.
Nocq, Moïse.
Norbert, Marcel.
Panne, Marcel.
Parezys, Aimé.
Parpex, Adolphe.
Patfoort, Auguste.
Pauchet, Gaston.
Persyn, Albert
Renaut, Charles.
Rousere, Henri.
Rubbrecht, Achille.

Saussier, Léon.
Schrefheere, Julien.
Sipieter, Paul.
Smaegge, Alphonse.
Spillemaeker, Jules.
Swyngedauw, Gustave.
Thomas, Auguste.
Vandendriessche, Camille.
Vanderhaeghe, Fortuné.
Vanhaezebrouck, Emile.
Vanhove, Henri.
Vanhove, Henri.
Vanhove, Lucien.
Van Lierde, Alfred.
Verhaeghe, Henri.
Vermeersch, Marcel.
Verstraet, Eugène.
Willynck, Eugène.
Yaouanc. Louis.

1917

Badts, Joseph.
Beke, Henri.
Bellencontre, Désiré.
Bertheloot, Victor.
Bollen, Albert.
Bommel, Alphonse.
Bommel, Gaston.
Bommel, Marcel.
Bouchery, Henri.
Bryckaert, Arthur.
Claeyssen, Arthur.
Claeyssen, Victor.
Conan, Pierre.
Cys, Albert.
D'Allende, Jules.
Darnet, Georges.
Debaker, Charles.
Deboes, Médard.
Decoster, Rémi.
Depauw, Emile.
Deram, Eugène.
Derycke, Georges.
Desaever, Louis.
Deswelle, Charles.
Detournay, Léon.
Devaux, Maurice,
Devos, Désiré.
Dhondt, Florimond.
Doncker, Gaston.
Dooms, Maurice.
Ducrocq, Marcel.
Duyver, Charles.
Eugène, Maurice.
Fiorine, Emile.
Girou, Fernand.
Grenet, Louis.
Haezebaert, Julien.
Hedel, Maurice.
Hermary, Louis.
Houzé, Augustin.
Loorius, Maurice.
Mahieu, Arthur.
Mahieu, Auguste
Maréchal, Marcel.
Martel, Joseph.
Mascot, Jules.
Meurisse, Albert.
Monfet, Gaston.
Naesen, Georges.
Osseland, Fernand.
Parent, Auguste.
Plovier, Firmin.
Sans, Arthur.
Smaegge, Georges.
Steen, Rémy.
SucchE, Lucien.
Torre, Marcel.
Treutenaere, Daniel.
Turck, Gustave.
Van de Moortele, Arthur.

Vandenbussche, Marceau.
Vansteene, Marius.
Vantours, Marcel.
Versaeilie, Marcel.
Verstraet, Gaston.
Wispelaere, Charles.

1918

Aernout, Benoît.
Badts, Marcel.
Barboille, Albert.
Bergeyron, Eugène.
Berlamont, Alfred.
Binaux, Marcel.
Binaux, Maurice.
Blaevoet, Henri.
Bornais, Joseph.
Boy, Albert.
Broucxau, Maurice.
Busschaert, Louis.
Byl, Arthur.
Carton, Albert.
Caytan, Albert.
Chieux, Julien.
Clarys, Sylvain.
Cleenwerck, Charles.
Constant, Maurice.
Coquelaere, Ferdinand.
Courcy, Charles.
Dassencourt, Auguste.
Demeersseman, Arthur.
Dernys, Augustin.
Desoomer, Ovide.
Deswarte, Jules.
Deswelle, Henri.
Dewintre, Victor.
Doby, Léon.
Dor, René.
Dubois, Ferdinand.
Dubuisson, Maurice.
Duchateau, Gaston.
Everaere, Arthur.
Fahy, Fernand.
Fossaert, Lucien.
Girou, Lucien.
Haezebaert, Lucien.
Harteel, Jules.
Henderyckx, Eugène.
Henderyckx, Georges.
Impines, Julien.
Janssen, Victor.
Jolly, Fortuné.
Kesteman, Auguste.
Lambert, Aristide.
Lamoot, Marcel.
Lanoote, Auguste.
Lassus, Maurice.
Lespillez, Julien.
Louchart, Roger.
Louchie, Isaïe.
Maelstaf, Henri.
Maelstaf, René.
Maréchal, Lucien.
Mate, Georges.
Naessen, Paul.
Picotin, Alphonse.
Poddevin, Julien.
Pollaert, Henri.
Pollart, Henri.
Pottier, Emile.
Quévy, Paul.
Renière, Edouard.
Rousic, Arthur.
Schapman, Georges.
Swyngedauw, Louis.
Taccoen, Marcel.
Thiéry, Georges.
Titren, Arsène.
Turbot, Joseph.
Turks, Marcelin.
Vanbeveren, Louis.

VANDAMME, Daniel.
VANDROMME, Henri.
VANHILLE, Pierre.
VANRENTERGHEM, Maurice.
VÉRIEZ, Julien.
VERKOUCKE, Eugène.
VERKRUYSSE, Georges.
VOLCKENAERE, Albert.
VROLANT, Lucien.
WACKET, Marcel.
WADOUX, Fernand.
WEISBECKER, Fernand.
WILMOT, Louis.
WULLES, Marcel.

1919

FAHY, Jean.
NAVE, Victor.
PINÉE, Marcel.
TYROU, Henri.
VERCAUTEREN, Joseph.

1920

BLANCHART, Fernand.
GREMAIN, Joseph.

CONCLUSIONS

Tout ce que nous pourrions ajouter, en guise de conclusion, serait bien pâle à côté des cérémonies émouvantes que nous venons de retracer et des beaux discours qui sont reproduits ci-dessus, et surtout du sublime dévouement de nos héros. Cependant, il nous semble qu'il y a une « leçon de choses » morales à tirer de ces inoubliables cérémonies.

Au milieu des landes bretonnes, entre Jousselin et Ploermël, se trouve un monument qui rappelle l'héroïque combat des Trente. Des sapins séculaires couvrent la tombe des preux chevaliers morts pour la Patrie. Près de là s'élève une chapelle qui porte ces mots à son frontispice :

« *Discite quid potuere patres* ».

Apprenez ce qu'ont su faire vos aïeux !

S'il est vrai que les leçons de l'exemple sont plus efficaces que celles des préceptes, quelle sera la portée de l'exemple donné par ceux dont les noms sont inscrits sur le monument inauguré le 6 novembre 1921. Les fils savent, mais comprendront mieux plus tard ce qu'ont fait leurs pères. Nos enfants de Rosendaël n'ont-ils pas témoigné leur confiance dans les destinées de la France, en scellant du plus pur de leur sang le sacrifice de ce qu'ils avaient de plus cher au monde ?

S'ils pouvaient parler, voici, je m'imagine, le langage qu'ils tiendraient aux générations futures :

« Tous ces éloges, toutes ces fleurs, toutes ces palmes, toutes ces couronnes, tous ces superbes monuments. . . . . c'est bien. Mais n'oubliez jamais pour quoi nous avons souffert et pour quoi nous sommes morts. Nous avons été les forgerons de la Liberté menacée. La liberté sublime emplissait nos pensées, comme le proclame le poète des Soldats de l'An II. Le drapeau, à l'ombre duquel nous sommes tombés, était le symbole des idées généreuses. . . . Cette suprême épopée, la plus fière et la plus glorieuse de toutes, nous qui l'avons vécue, nous qui l'avons faite, nous voulons qu'elle serve à quelque chose ! Nous voulons que notre sang n'ait pas été versé en vain. Générations, qui viendrez l'une après l'autre en pieux pèlerinage, vous incliner devant ce monument de gloire, souvenez-vous ! A travers toute son histoire, la France, la Grande Semeuse des vérités éternelles, a toujours été digne d'elle-même, toujours égale à elle-même, dans ses heures de deuil comme dans ses heures de triomphe ! Et si un jour, ce qu'à Dieu ne plaise ! la fatalité voulait que recommençât une nouvelle hécatombe, puissions-nous avoir suscité des fils qui nous ressemblent ! »

Le Conseil municipal de Rosendaël, désireux de montrer qu'il s'associe à ses concitoyens dans leur fidélité au culte de leurs chers Morts, offre à chaque famille la présente plaquette qui rappellera à la fois aux générations actuelles et aux générations futures, le sublime dévouement des héros de la cité et des différentes cérémonies célébrées pour rendre hommage à leur vaillance.

Il espère que la population Rosendaëlienne tout entière lui saura gré de ce geste destiné à glorifier, par un souvenir impérissable, les enfants de Rosendaël « Morts pour la Patrie ». Chaque famille conservera dans ses archives et transmettra à ses descendants cette plaquette qui évoquera pour elle et pour eux la mémoire de ceux qui sont tombés pour la défense du Droit et de la Liberté.

Rosendaël, 6 novembre 1921.

J. MOUREAUX,
Officier de l'Instruction publique,
Professeur au Collège Jean-Bart.

LISTE DES CONSEILLERS MUNICIPAUX DE ROSENDAEL

MM. COQUELLE, Félix, *Maire.*
CARLIER, Lucien, *adjoint au Maire.*
DUMEZ, Eugène, *adjoint au Maire.*

MM.
BADTS, César.
BAECKEROOT, Jérôme.
BAERT, Désiré.
BELLYNCK, Henri.
BERTOT, Georges.
BEYAERT, Léon.
CANIS, Jules.
CLAVERY, Charles.
COCKENPOT, Amand.
DELPORTE, Eloi.
DUMORTIER, Paul.
HARDY, Georges.

MM.
HÉDEL, Charles.
JACOBSOONE, Victor.
MERVILLE, Pierre.
MÉVAERE, Jules.
MONTAC, Frédéric.
QUENET, Georges,
SCHAPMAN, Arthur.
VANAPPELGHEM, Gustave.
VANDOORNE, Gaston.
VANRAST, Joseph.
VERVOORT, Jules.

COMITÉ D'ORGANISATION

M. Félix COQUELLE, *Maire de Rosendaël. Conseiller général, Président d'Honneur.*

M. Eugène DUMEZ, *Adjoint au Maire, Président.*

Membres :

MM. VANBECELAERE, *Receveur Municipal, Trésorier ;*
Albert CYS, *Ancien adjoint au Maire de Rosendaël ;*
le Docteur GOETHALS, *Conseiller d'Arrondissement ;*
BELLYNCK, *Conseiller Municipal ;*
DELPORTE, *id.*
JACOBSOONE, *id.*
MÉVAERE, *id.*
MONTAC, *id.*
VANAPPELGHEM, *id.*
le Chanoine HANDSCHOOTE, *Vice-Doyen, curé de Notre Dame ;*

MM. l'Abbé HAMEZ, *curé de Saint-Zéphirin ;*

BARBERY, FRUCQUET, } *Directeurs des Ecoles publiques de Garçons ;*

CAPELIER, *Directeur de l'Ecole libre de Garçons ;*

PARESYS, *Capitaine commandant la Cie des Sapeurs-Pompiers ;*

QUATEREEL, *Président de la Musique Municipale ;*

HARDY, Georges, *Conseiller Municipal, Président du Syndicat des jardiniers ;*

HÉDEL, Charles, *Conseiller Municipal, Président de la Société des Francs tireurs du Bouchon ;*

GANTOIS ;

CASTELIN ;

DAVY, *Officier d'Administration de 1er classe, en retraite ;*

BOURGOIS ;

SCHOONBERG ;

LAFORGE, Emile ;

DELYLLE, ;

HAUTECŒUR ;

HUYGHE, Elie, *Président de l'Avenir du Prolétariat ;*

OSTEN, Lucien, *Président de l'Avenir Colombophile ;*

BRYCHE, Léon, *Trésorier du Syndicat des Alimentations ;*

DHONDT, Jean-Baptiste, *Président de la Société des Bouleurs du Soleil ;*

CARDINAEL ;

DONCKER.

www.ingramcontent.com/pod-product-compliance
Ingram Content Group UK Ltd.
Pitfield, Milton Keynes, MK11 3LW, UK
UKHW021510260726
13993UKWH00004B/1630

9 782329 199832